CALIGRAFIA SELVAGEM

Beatriz Aquino

Caligrafia Selvagem

1ª edição, São Paulo, 2020

LARANJA ● ORIGINAL

Sumário

9   *Prefácio*
11   *Minha caligrafia*

15   As árvores estão mortas
17   Navego por entre ilhas
19   Os prados se vestem de branco
21   Assim caminha a humanidade
24   O céu das pedras
26   A cidade que não amanhece
27   Veja...
29   O sol aponta na janela
31   Todos os deuses são de barro
33   Envelheço na estrada
36   Às vezes é preciso escrever algo bem pontiagudo
38   A tempo
40   Hoje descobri que existe uma língua que não utiliza adjetivos
42   Porque é pecado e eu sei.
43   Fotografia conjunta
45   O Mouro
47   Quântica
48   Urgente
50   É noite
51   Era névoa que eu via em teus olhos

52	Uivos na noite
54	Furei os teus olhos
57	Agora ele sabia
58	O parto
60	Então é isso
61	A redenção vem de várias maneiras
63	Sabe Lee, a humanidade é uma tristeza
65	Saiba que existe uma grande convicção no erro
67	A água passava por baixo da ponte
69	Nada mais é pecado
70	Amendoeiras em flor
71	Descobri que não fico bonita abaixo da linha do Equador
72	A ti
73	Primitiva
74	A infância é assim
75	Fatídica
77	A vaidade travestida de intelectualidade
78	Mais uma história de "amor"...
80	É João, o tempo andou mexendo com a gente
82	Hoje um homem me disse que Deus é fiel
84	São as carpas que agora me alimentam
85	A chuva continua a cair
86	A melhor hora
88	Também quero a beleza das coisas
90	E como é falho o traço que desenho adiante
91	Os rios de Thomas Wolfe
93	À deriva sob um consolo de estrelas...

Prefácio O *lugar das almas que amam*

Algumas leituras nos surpreendem pelo manejo das palavras, elaboração do texto, forma como as coisas são ditas. Beatriz Aquino nos fala bem de perto, com intimidade. Estabelece conosco, os leitores, um diálogo fluido, e rapidamente nos coloca à vontade e nos enlaça, puxando-nos para o seu mundo, do qual passamos a fazer parte. Como bem diz ao falar de sua *Caligrafia*, percebe com extraordinária sensibilidade a necessidade de ser relevante. Relata, ao terminar a apresentação, ter pensado em pedir desculpas pelo muito já escrito e a escrever, talvez preocupada em não ter chegado ao lugar pretendido, mas para nossa satisfação conclui afirmando não desejar escusar-se. Ótimo. Seria injusto, um descalabro. Como escreve bem!

Ao nos tornar cúmplices de seus pensamentos, a autora nos carrega para um mundo ao mesmo tempo lírico e distópico – o lugar das *almas que amam* – e, contudo, nos exibe *almas que espelham o nada*. Seu monólogo interior nos revela uma consciência jovem, embora nos deparemos, muitas vezes, com uma senhora experiente a perceber a realidade do seu entorno. Tal jogo, exibidor de uma narradora em primeira pessoa ora surpresa com certas peculiaridades da vida, ora irônica ao constatá-las, embora sempre crítica, nos aproxima no avançar das páginas do livro, dessa personagem tão peculiar: a narradora protagonista.

Não há um enredo propriamente dito. Classificar o material em mãos é difícil, inútil, desnecessário. Nem romance, conto ou livro de poesias. Ao mesmo tempo temos tudo na prosa poética contida neste *Caligrafia selvagem*. O suficiente para percebermos *que é preciso encontrar um amanhecer do lado de dentro mesmo que a cidade não acorde.*

Em tempos em que o mal domina a nossa política, uma pandemia nos aprisiona solitários e amedrontados, internados entre muros, acovardados em um estranho universo que fomos incapazes de prever, ou mesmo imaginar, é fundamental ler e introjetar algumas das frases encontradas aqui: *quanta ingênua ignorância nos serve de bússola; morrer em trânsito, transitório que somos, faz todo o sentido; enrubesço com elogios e fico enormemente tímida na frente de homens bons; escritores são uma alcateia bem estranha; agora que a esquerda caiu apodrecida de corrupção e culpa; vi ainda um beija-flor que não gostava de beijar; transformaram o amor em uma novela e as novelas em boletins policiais; e todos dançam fartos e famintos a dança da alienação; estamos todos mortos.*

Preparem-se para ler um texto forte. Beatriz Aquino não está brincando de escrever. Da alcateia de escritores, ela sobressai-se como loba apta a permanecer entre alguns lobos mais velhos. E uiva, *amaldiçoando nosso pertencer a esse universo imenso, escuro e impiedosamente eterno...*

Ricardo Ramos Filho
Escritor e atual presidente da UBE – União Brasileira de Escritores

Minha caligrafia

Chega um momento da vida em que nos damos conta que levamos boa parte da existência tentando juntar dois traços. O de partida (nascimento), de onde viemos e quem somos, com o traço de chegada. O para onde vamos, o que nos tornaremos quando chegarmos e se chegaremos onde queremos. Como aquele hífen do epitáfio entre a data de nascimento e morte, apostamos uma corrida insana e inconsciente para a vida. Os amores, os filhos, os não filhos, os desamores, as perdas, as vitórias.

Ser relevante é imprescindível. Fazer sentido é essencial. Eu, como qualquer outro ser vivente neste planeta, não conheço nenhuma resposta e trago assim como tantos a minha cota de perguntas. Descobri apenas que na caminhada o meu verbo é solto e urgente. A minha busca dói como em qualquer um. E sou rebelde. Muito. Mais por circunstância que por natureza. Minha arte, seja nos palcos ou na escrita, não conhece esquadros. Sou ingênua, mal educada, romanticamente trágica, ridiculamente vaidosa, admito, e possuo a enorme pretensão de querer mudar as coisas com um punhado de papel numa mão e uma caneta na outra. Sonho que um dia o mundo ouça a minha palavra, que acolha o meu grito. Porque é grande a minha necessidade de me conectar a esse outro ser que fica do outro lado.

O maior desafio nesse traço que divide e também pelo qual nossa existência navega é o outro ser humano que está lá, na outra margem de nós. Este ser que nos espera sorrateiro, amoroso, cruel, apaixonante. É isso o que mais me intriga no mundo. O outro. O meu tom rebelde é um modo de esbravejar e pedir que expliquem rapidamente o que não entendo. Para que dessa forma eu tente também explicar alguma coisa para quem precisa.

Não há dúvida que, como todo poeta, eu quero o impossível. Quero comer e decifrar a colheradas o indecifrável. É louco, doloroso e maravilhosamente arrebatador viver assim. Ao longo dos meus poucos anos na escrita, tenho navegado tormentas e cruzado oceanos em leões alados. Fui submissa, arrogante, pérfida, casta, pungente e quase santa. Quase.

E em todas essas vertentes vejo que não me tornei nem heroína e nem vilã. Apenas mais humana. O que nos dias de hoje deve ser bastante coisa.

Tudo o que escrevo é de um improviso quase sacro. Ou demente. Nada é estratégico ou estudado. Nada. Não sei se a minha escrita é boa ou virtuosa. Mas posso afirmar que é real. Muito real. Como minha voz não conhece forma e nem meu rascunho limites, convido você, este ser que segura a outra ponta do traço da existência humana, a mergulhar junto, sem medo do frio ou do escuro. Porque vez ou outra, na outra margem, existem lugares bem interessantes. Se Manoel de Barros escrevesse sobre mim, o que seria uma descomunal honra, ele diria. "Essa moça nasceu com o planeta Vênus dentro das retinas. Os astros brincam em seu ventre. É uma borboleta carregando bigornas!" É isso. Prefiro imaginar que os bons me abençoam.

Caligrafia é algo que aprendemos enquanto crianças, antes mesmo da palavra fazer sentido e a carregamos por toda a vida. O que pode ser bom, pois nos traduz o primeiro instinto. Aquele sem retoques. Puro e belo. Nascido daquela coisa morna e ingênua que vamos deixando pelo caminho. Gosto de pensar assim. Mas me subtraio da vaidade de querer definir em qualidade e sentido o que você irá ler nestas páginas, pois estaria contando uma grande mentira. Não faço ideia a que o meu trabalho se propõe. São textos que naturalmente vão se inclinando para uma poética que aos poucos vai se delineando, como um interlúdio, aquela composição instrumental com a função de separar partes musicais. São relatos de uma mulher. Ou de várias mulheres sobre o mundo, sobre si, sobre a sua imperfeição e sua contundente humanidade.

E sei que deveria pedir desculpas por muito do que já escrevi e escrevo. Mas naturalmente não posso. E nem quero.

A autora
Lisboa, fevereiro de 2020

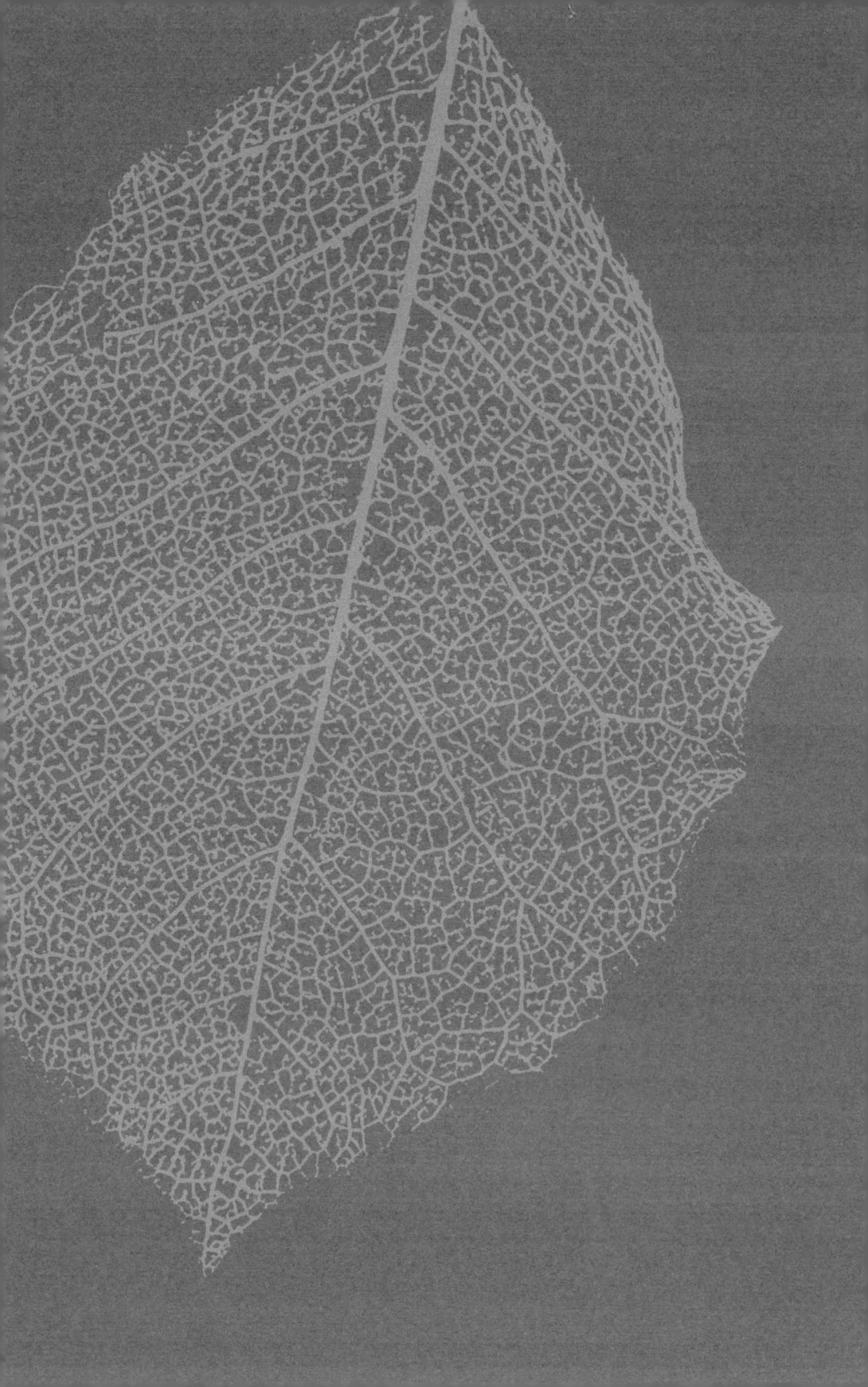

As árvores estão mortas

As árvores estão mortas.

Tudo nelas é robusta palidez e memória fraca. Bem fraca.

E me exaspero por escrever sempre nesse tom de melancolia.

Como se eu fosse um relógio inglês com todas suas engrenagens, ferrugem e hábitos.

'A quarter to five, Ms Beatriz. Shall we start glooming?'

Me pergunta o mordomo da vida como sempre impecavelmente pontual e bem vestido.

'Yes, we shall.'

Respondo em um fio de voz mais que resignado.

Suas luvas brancas e cínicas me apontando as alegorias com que construí a minha existência e com as quais agora tenho de lidar.

É mesmo em uma espécie de loucura consentida em que vive o mundo?

Temo abrir as janelas e ver luzes e cores além dos corvos e das folhas mortas.

Há uma ironia constante no existir e também no modo como o frio recalcitra as mãos dos escritores e açoita seus pulmões. E então todo o escrever e respirar se torna dolorosamente retorcido.

Os corvos cantam sádicos e satisfeitos, o vento a 3 graus Celsius esmurra vigorosamente a porta. O tempo exige o cálcio dos ossos dos homens e arranca o brilho dos olhos das jovens.

Sonhar é um enfado, uma sina. E não ter sonhos nenhum é uma morte lenta e consentida. Não sei qual a pior opção.

Tento apenas escapar do destino farto das velhas de retinas vazias.

Ai das almas que amam. Mas ai também das almas que espelham o nada.

Desconfio que tudo o que foi inventado até agora é um engodo bem grande. As velhas reumáticas, as jovens sonhadoras que bailam em vestidos floridos, os heróis de amor e de guerra, nada disso realmente existe. Nem mesmo os meus medos, nem mesmo as luvas cínicas e imaculadamente brancas do mordomo que me serve o chá da existência em gotas tão ínfimas e confusas.

Queria mesmo era saber calar e me entregar ao frio atroz e ao vento que esmurra essas janelas milenares à espera de um pulmão são para transformá-lo em música triste.

Queria mesmo era não escrever e não pensar e contentar-me com a alegria simples dos medíocres felizes.

(Sem saber que talvez o escritor seja o mais medíocre dos seres).

Mas assim como também já disseram, tudo o que escrevo, sinto. E tudo o que sinto, escrevo.

É a minha sina. E a aceito como todo bom e estúpido rebelde aceita as contrariedades e também as coisas boas: arranhando as claustrofóbicas superfícies até o último traço de unha que lhe resta nos dedos e gritando insanos protestos até o seu último fio de voz.

É assim. Desde que o mundo é mundo há os que calam e rezam e os que cantam e blasfemam e claro, sofrem as dores e as doces consequências de seus famigerados atos.

Navego por entre ilhas

E eis que agora navego por entre ilhas.

Recebo e verto palavras entre o Atlântico e o Mediterrâneo.

O Leão que cavalgo, agora alado, é bem triste. Por certo.

Mas o vento frio obriga à caminhada.

E é bem possível viver de porto em porto garimpando um pouco e qualquer tipo de afeto.

Os vinhos são feitos tanto para a embriaguez dos que ficam quanto para a lucidez dos que partem.

E é provável que em meu peito exista mais embarques que chegadas.

Meu passaporte anda cheio de marcas. Carimbos e sentenças de gente que é testemunha disso tudo, mas nem sabe.

O limbo é algo deveras viciante.

Na estrada, pela janela, tudo o que vemos são vultos. Inúmeras possibilidades. Nada é real como o estático e tão cruel quanto o cotidiano.

Os semblantes são nobres apenas quando fitam o horizonte.

É de sonho que o homem vive. Decerto. Sua alma já nasceu com as velas içadas. A proa, mesmo em meio à tempestade, é lugar bem confortável para os que não temem. Ou para os que temem muito. O que dá no mesmo.

Esses dias, pelo longo caminho, encontrei um homem que de tão machucado virou cínico. Seu medo petrificou-o e ele nada mais sentia.

Fiz uma oração pra ele e também praguejei verdades, as minhas, bem alto em seus ouvidos.

Mas o meu hálito não é corrosivo o bastante. Tampouco o meu toque de fêmea foi quente suficiente para derreter o gelo de medo que o cobria.

Por isso parti pra longe, pois sei que a culpa e a desistência moram em salas distintas, mas bem próximas. Ambas cheias de perigoso conforto e acalanto.

É duro sentir as ondas da vida te baterem no rosto assim sem nenhuma piedade.

Mas é melhor que um oceano inteiro nos cubra de fúria do que nos acostumarmos a um porto falso onde horizontes não existem e onde sol, há muito, não faz visita.

Os prados se vestem de branco

Veja, os prados agora se vestem de branco e é possível e muito necessário, ver poesia nos galhos retorcidos e no lago que hoje é espelho.

As crianças no parque, os amores vividos, o banho de verão do primeiro filho, tudo isso agora fica escondido no fundo, congelado entre as pedras e musgos. Já os peixes, esses eu não sei para onde vão...

Hoje, uma senhora bem velha me ensinou o caminho da estação de trem. Ou o de casa. Não lembro bem. Mas lembro que na pressa em chegar quase esqueci de agradecer e quando me virei para fazê-lo ela me abonou a corrida com um aceno e um olhar que era pura indulgência. Confesso que naquele momento eu não sabia mais se era eu a mulher que corria ou a anciã que acenava.

Perceba que perco parte da paisagem por ter os olhos debruçados sobre o papel. E elas me caem dos olhos como lágrimas em forma de imagens.

Desconfio que o escritor vive nesse eterno limbo entre a realidade e o subjetivo, entre o sentir, o observar e o expressar.

Acredito que por vezes somos meros borrões em meio à multidão. Nada em nós é muito definido. Por isso quase ninguém percebe a nossa intensa e por vezes dolorosa observação do mundo.

Uma folha ao vento é apenas uma folha ao vento até que alguém a colha e decida colocá-la dentro de um livro ou dar a ela e suas ranhuras uma moldura.

Mas voltemos aos prados em vestidos de gala e aos galhos retorcidos por baixo da neve que lembram acenos esquecidos ou dedos pontiagudos a nos apontarem os débitos. Os corvos estão sempre lá... Mas agora não parecem tão orgulhosos.

Mas não. Volto à doce e ingênua poesia da manhã. No vagão de número três, um homem de barba abriu uma garrafa de café que cheirava muito bem. E a padaria ao longe exalava sim um perfume de croissant e manteiga.

Volto também à pressa estúpida e injustificada que damos aos nossos dias e à senhora de olhos bondosos que finalmente aprendeu – e decerto espera que um dia eu também o faça – a permanecer...

Assim caminha a humanidade*

Tenho garimpado em velhos livros alguma qualquer afirmação das coisas – e olha que é terrível escrever sem vontade. Já experimentaram roçar os dedos no papel e flertar com o lápis deslizando-o na folha inerte? Pois, afirmo que não há nada de erótico nisso. Escrever sem paixão é o mesmo que pagar uma prostituta quando se tem problema de ereção. Tempo, dinheiro e energia jogados fora.

Percebo que minha escrita agora não mostra nenhuma indulgência. É crua, amarga e ruim. Bem ruim.

Mas insisto na sina como no frisson do adicto que espera encontrar na droga ou no álcool a centelha para continuar vivendo.

É que o ser humano insiste em querer explicações para a vida. Vive tomando satisfação com Deus ou com o que quer que ele acredite. Coisa chata. Os chimpanzés são tão mais harmônicos. Se coçam onde e quando bem entendem e se masturbam na frente das crianças e dos velhos nos zoológicos. Sacanas. Gosto deles, os chimpanzés. Gente simples. Bons camaradas que mordem e gritam quando precisam. Não é melhor assim? Ser humano é que tem essa mania de tomar banho e pôr roupa por cima das vergonhas. E aí dá-lhe Chanel e culpa para dar conta de tudo isso. Por isso igrejas estão cheias. As farmácias também. Os bancos nem tanto.

É que agora vejo que um dos lagos da Irlanda modificou-se. O mesmo de ontem que estava congelado e bonito e para o qual fiz um poema cheio de boas intenções. Mas hoje a porra do lago derreteu. Ou voltou ao seu estado natural. A chuva sempre fode tudo. A não ser que você esteja em casa,

---

* Uma parte dos textos reunidos na obra foi escrita quando a autora residia na Irlanda.

embaixo das cobertas com aquele sorrisinho escroto de sadismo para com o resto do mundo, a chuva só atrapalha.

No ônibus, vou falar, tinha uma gorda imensa que tomava dois assentos só pra ela. E a água que escorria dela, do teto e de todos os outros passageiros, fazia tudo parecer mais grave e aterrorizante. Eu olhei ao meu redor e pensei. "Que diabos de Arca de Noé mais estranha!".

É. Deus e a natureza continuam brincando com o sádico processo de seleção natural. Aos fortes e de boa imunidade, a possibilidade de copular e sustentar uma fêmea ranzinza e rancorosa pro resto da vida. Ah, e claro, suportar os filhos ingratos a lhes morderem os calcanhares. Aos fracos de pulmão e coração, as paixões vertiginosas e o impiedoso destino de destrinchar com escritas e dentes o existencialismo.

Que tribo esquisita somos. Mas quão obedientes. Quão obedientes.

Há dois mil anos, um cristão, ou não, inventou que era preciso ser puro e bom e com isso condenou todo o resto a viver em eterno auto flagelo. Um ser que não se aceita dentro da própria animalidade. Já nascemos inscritos no triatlo da vida. Iron man é coisa pouca. Corrida, escalada, nado, apneia, voo livre. Da ameba ao anjo em míseros sessenta anos. Sim, porque depois disso se você não atingiu a iluminação o melhor mesmo é desistir e terminar os dias mandando todos à merda que nem a Dercy Gonçalves. Minha guru. Quanto mantra poderoso ela emitia. Danada.

Mas eu, que nasci com a sem gracice de querer parecer séria e mostrar alguma profundidade existencial – "Oh, Clarice o que fizeste de minh'alma?!" – fico aqui tentando dar à gorda sentada à minha frente alguma poesia além daquela que ela encontra em seu pacote de Doritos. Talvez seja essa a sua iluminação. E quem sou eu para julgar? Não passo de uma magricela branca, mal humorada, ultimamente bem mal amada e com um lápis na mão.

Pois é, já disse que minha escrita hoje não está nada indulgente e está mesmo bem ruim. Culpa da TPM ou da menopausa que se aproxima a galope, dos imortais da ABL que imprimem uma pressão ferrenha a qualquer cristão que escreva e da porra do lago que cismou de derreter justo hoje que vim trabalhar de chinelos.

O céu das pedras

Descobri que existem rochas em alto mar que escondem água morna e doce em suas entranhas. E dou a isso o nome resiliência.

É possível escutar o grito das montanhas de pedra enquanto elas são talhadas pelo vento?

Sabe, tenho visto horizontes inimagináveis. Um par de olhos azuis me guiam com uma doçura indizível.

A costa, o vento, o mar e todo o mais dessa ilha tem me adentrado a alma de uma maneira inacreditável.

É bom voar. E veja que voar é também se arrastar, é também andar, pelejar para alcançar o topo da montanha para então poder se jogar do alto.

Voar, e isso ninguém sabe ainda, é ter medo de cair e mesmo assim se lançar. As pedras, os penhascos e as ondas em fúria lá embaixo não são tão destruidoras quanto parecem. Pois que tudo é cumplicidade para aquele que vive. E eu, após tantas quedas, me vejo plainando em atmosferas deslumbrantes.

Dizem que só os pássaros de asas longas e que palmilham o solo em busca de alimento é que sabem reconhecer as correntes de ar quente que os levará ao sul de si mesmos. E eu sigo. Sigo tudo o que é sentir. E os presentes são inúmeros.

Volto então ao homem de olhos azuis que me conduz com ternura por essas colinas. Vez ou outra ele me estende a mão para me ajudar a atravessar o escorregadio lamaçal, mas no mais, ele me deixa ir. Me deixa ser. Não teme ele, o homem de olhos azuis. Ou se teme, teme outras coisas. Coisas que não conta a ninguém.

O sol dessa manhã nos foi tão generoso. Nos banhou com seu amor dourado e desconfio que carregarei essa luz para sempre comigo.

As janelas amarelas, as portas verdes e azuis desse lugar, as casas de um vermelho bem tinto são um encanto aos olhos. Poesia de quem doou a demão de tinta pensando naquele que passa do lado de fora.

Mas as montanhas não nos dizem tudo. Se dizem o fazem em uma língua ainda não decifrada.

As pedras sangram tanto quanto qualquer mortal.

Dar-se é gigantescamente maior do que receber.

Quisera eu saber o que se passa na mente dos monges. Ou dos pássaros que cantam com ternura no amanhecer de homens incrédulos.

A pele da criança é alva e pura, não por acaso. Como também não é por acaso que os olhos da sabedoria são rodeados de rugas e dores.

É assim desde que o mundo é mundo. Desde quando os oceanos cobrem e descobrem a Terra em ciclos, tudo o que é da natureza é pura e certeira sabedoria, enquanto que tudo que é do homem é o mais completo mistério.

Erva-daninha é apenas um nome criado a partir de um ponto de vista.

Um homem mau é apenas uma criança com medo.

E Deus tanto pode ser o gigante onipotente quanto a frágil cor azul que as borboletas carregam nas asas.

Aceito tudo que é inédito em mim, no mundo e nas coisas.

Melhor que acertar o passo, o importante mesmo é caminhar...

A cidade que não amanhece

Há um cheiro de diesel e desilusão na estação de trem.

Rostos cobertos por uma fuligem de desânimo não escondem, sob a luz fria e severa, que ali há tempos o sol não brilha.

Transeuntes inventam esperanças para o próximo verão enquanto as memórias da primavera passada se perdem em algum lugar entre as costuras e o bolso dos grossos casacos.

É preciso encontrar um amanhecer do lado de dentro mesmo que a cidade não acorde.

Da janela, um escritor, tão alheio quanto imerso em tudo que é sentir e dessentir ao seu redor, observa.

E assim como os corvos, garimpa entre as migalhas do pálido cotidiano, um alimento e, por que não dizer, um sentido...

Veja...

Veja, esse nem é o meu lado mais bonito.

Meu perfil direito é bem mais doce e harmônico que esse que agora te mostro, mesmo à minha revelia.

É que minha boca cismou em dobrar nessa esquina torta da vida e tudo o mais que sai dela é desistência e rancor.

Estou ficando velha. Sim. Deve ser por isso que alguns velhos possuem essa voz de apocalipse e esse hálito de derrame.

Cautela é coisa que esteriliza. E a prudência, meu Deus do céu, já mutilou tantos que até perdi a conta.

A vida nos entorta mesmo. Nos dobra, nos esfacela e se não inventarmos um novo forje para a lama suja e confusa em que ela nos reduziu, estaremos em grande perigo. O grande perigo de não existir. Ou pior ainda. O de existir sem nenhuma relevância para com a nossa verdade e para com a verdade do outro.

Que sina. É preciso sim inventar novas articulações a cada nova caminhada. Andar com as mãos, aprender a dizer bom dia com os dedos dos pés e acenar generosidade sábia com o ventre.

Sabemos tão pouco de nós e desse grande e vasto mundo que nos abraça. Quanta ingênua ignorância nos serve de bússola.

Nossa única salvação é quando ainda somos crianças e ignoramos o tamanho e o peso de nossa responsabilidade. Depois disso a vida se transforma em um flagelo sem fim. Os homens escrevem anarquias nos muros com a mesma intenção que um deus ditou a Moisés suas leis. Os livros e cânticos são apenas tentativas inúteis de fazer algum sentido.

E seguimos batizando filhos que não queríamos. Ou que queríamos demasiadamente. O que é errado igual.

Seguimos inventando letras para melodias que não concordamos, e dizendo sim para coisas que sequer compreendemos. Apenas porque desconfiamos, mesmo que muito timidamente, que é impossível caminhar só...

O sol aponta na janela

...e me pego cantarolando pelos cantos.

Pois bem. De nada adianta esse idílio dos gregos.

Sei que logo em breve me vestirei de Clarice.

Deixarei as unhas crescer e as pintarei de rubro sangue.

Procurarei nas gavetas da cômoda o seu olhar oblíquo e ensaiarei frases de efeito diante do espelho.

Minhas mãos incorporarão a mesma languidez dura das suas e me enfadarei fácil com perguntas óbvias.

Escreverei longos tratados sobre a humanidade e serei vaga e distante quando me perguntarem sobre o amor.

É que a vida exige respostas urgentes e rápidas.

Há de se ter alguma salvação para o mundo entre quinze pras cinco e dezoito e trinta, que é a hora em que o leiteiro e o alfaiate vêm buscar seus pagamentos.

Hora em que fico prenhe de uma dor aguda e feminina e que me exaspero com a pressa e a falta de boa vontade dos homens.

Se o mundo parasse enquanto tomássemos uma xícara de chá seria tudo bem mais civilizado. Reorganizaríamos os acontecimentos como quem desmancha um bordado ou retoca uma aquarela.

Mas não. Os desastres, os atropelamentos e o leite que ferve e derrama no fogão insistem em acontecer no mesmo instante em que murmuramos sabedorias tendo alfinetes na boca.

Pois bem.

E olha que esse era apenas um dia pra ver o sol e cantar.

Mas eu disse. As roupas de Clarice nos vestem à revelia. E então ficamos todas assim,

graves, arredias e irresistíveis...

Todos os deuses são de barro

E eles não resistem às nossas lágrimas mais contundentes. Se derretem com o sal que elas contêm e com o ardor pungente de nossas preces.

Prece é esse nome bonito que damos aos nossos desejos. A todos eles.

Mania que a mulher tem de usar lenços e rendas pra disfarçar suas dores e prazeres.

Tão bom se fôssemos todos assim, nus e sinceros ao sol do meio dia.

Os artifícios então seriam coisas tristes e inutilíssimas e riríamos dos nossos medos como quem ri do sobressalto que os fogos de artifício causam às crianças.

Mas não. É a dor que nos torna santos. Ou algo do tipo.

A miséria traz uma paz estranha no peito e ficamos assim, contritos e serenos. Basta um naufrágio ou uma guerra em algum país vizinho para nos postarmos diante de qualquer altar que seja. E lá estamos: a liturgia na alma, o canto gregoriano na boca e uma vertigem incrédula nos olhos.

Acredito que as velhas cínicas, ou burras, rezam o terço às dezessete horas para esquecerem as atrocidades que cometem a partir das nove e trinta. E que por vezes alguma alma se desvie do purgatório devido a esse murmurar lacônico.

E também descobri que não é verdade o que elas dizem de que não se pode amar impunemente.

Deus mesmo é que é sábio. Remaneja no mundo perdões e latrocínios todos os dias, pontualmente, às dezoito horas e dois minutos.

E por isso, e também porque há crianças que ressonam ingênuas em suas roupas de dormir, é que o mundo ainda existe...

Envelheço na estrada

Envelheço na estrada.
Me comem os olhos as curvas.
As linhas contínuas levam minhas últimas pulsações.
No retrovisor, tudo é passado. Memória tépida dos tempos vividos.
À frente, o para-brisa anuncia outonos; cabelos brancos, mãos cansadas e uma melancolia doce, quase bem-vinda.
O porvir é curto como a respiração entrecortada de um ancião conformado que tosse as dores da alma com abandono e resignação.
Toda sua história contada em um piscar de um olhar tremulante. Como uma vela incensando sua última chama.
É doce o velho homem que mora em mim. É puro, finalmente puro. De uma ingenuidade talhada nas juntas atrofiadas.
Não há um ser que ao se ver em sua externa decrepitude não se volte para dentro.
É o espírito livre e ligeiro que fala dentro das órbitas enevoadas e rijas desse velho homem. E como ele grita, e como ele dança, como ele brilha...
Mas o corpo, esse veículo agora intermitente, não responde mais ao menino. Não consegue mais dar forma às suas piruetas.
Esse sou eu. Um menino do vento preso em um corpo sem janelas. Mas não reclamo. É o ciclo da vida. E então, agora me acomodo no banco de passageiro dela. E não mais condutor, me deixo levar pela própria estrada. Essa velha companheira de tantas. Essa senhora sábia que conhece as curvas dos meus pés cansados e teimosos como ninguém.
Envelheço nela. Nela que morre e renasce em mim a cada linha pontilhada que passa por debaixo do carro, a cada metro engolido pela

frente do possante, a cada quilômetro mastigado por seus humores e amores e depois parido por sua indiferente traseira que acena fria e cinicamente aos que ficam.

Envelheço enquanto avanço conduzido por mãos que antes eu pensava frágeis.

Respiro calma e profundamente e me entrego ao doce ronco do velho carro tão bem cadenciado ao ritmo dos meus pulmões.

É... Nós dois soubemos filtrar bem a fuligem do mundo...

Me despeço dele, do veículo, e de todos que o acompanharam, em silêncio.

A algazarra familiar presente em outros invólucros à minha volta embala o longo sono que virá.

Fecho os olhos por dois segundos e os abro mais uma vez. A última para olhar a estrada. As linhas pontilhadas e contínuas estão lá e sei que sempre estarão. É a certeza da interrupção e da continuidade.

"Morrer em trânsito, transitório que somos, faz todo sentido."

Digo pra mim em uma última vertente poética. Mas a rima não vem. É assim mesmo. Em seu último instante o homem não tem brios de traduzir nada. Ele é só aceitação ou só desespero. Eu acho que não sou nenhum dos dois.

Poesia mesmo é esse hálito doce que me sai da boca em forma de agradecimento e que vem lá do fundo, de um eu muito, muito antigo. Suspiro em derradeiro então.

E já quase decantado, soslaio as esquinas da vida, só pra ver onde vai morar em seguinte, o meu espírito. É a curiosidade da alma que não finda nunca. É a estrada que não sai de mim e que não quer nunca terminar.

Molho o horizonte com minhas lágrimas. Aquele horizonte tão desejado e onde só chegamos em estado líquido ou gasoso. Fecho os olhos finalmente.

Os do corpo e, por enquanto, os da alma. É bom chegar, é bom se diluir. Morrer não faz mal não...

As linhas pontilhadas dançam em arabescos luminosos na minha memória já quase exaurida. Mas não importa. Brancas ou amarelas, pontilhadas, ou contínuas, viver ou morrer, no final das contas, é tudo a mesma coisa...

Às vezes é preciso escrever algo bem pontiagudo.

Também eu sou tomada pelo gosto das palavras.

Queria ser aquela mulher segura e enigmática dos anos antigos que bebe gin e fuma longas cigarrilhas.

Mas não.

Sou trêmula, ingênua e tão imberbe de malícia quanto qualquer adolescente.

Enrubesço com elogios e fico enormemente tímida na frente de homens bons.

E corri o agradável risco de viver em inércia.

Mas por sorte, minhas mãos são longas e meus sonhos compridos.

Há um tenente Otomano que vigia os passos da minha honra e a minha persistência no maior da vida.

Ei de ser nobre para merecer tamanho amor.

Selo o cavalo e miro horizonte.

No caminho, desvio de homens rudes e febris.

E também de outros tantos que mentem e enganam seja por dinheiro, seja para usurpar a pureza que ainda mora em nosso hálito.

Atravesso rios e desertos.

Recebo a corte de reis e mendigos.

Tomo chá com chacais, nado com corsários.

E também rezo com monges em uma tarde calma.

A crina do que eu cavalgo deu a volta nos dois hemisférios e ainda não encontrei a dita luz.

A grande e cinza cortina do mundo ainda não se desfez.

Há um vento precoce do norte que afirma que envelheço enquanto as brisas tardias do sul me prometem ainda muitas primaveras.

O tempo corre ao meu encalço, confuso e ofegante.

Não sabe onde em mim se instalar.

A bússola da vida gira frenética, à revelia da ordem natural das coisas.

E o sol e esse imenso céu a me lamberem as costas.

Viver é bem simples, eu sei.

Mas não aprendi.

A tempo

Também eu tive um pesadelo e levantei a tempo. Bem a tempo. Como diz a canção.

Mas ao contrário dela, procurei e procuro sim abrigo.

O escuro traz um medo que apenas eu conheço.

E ele me abraça como um amigo antigo.

Peço desculpas por não seguir o lirismo que as coisas pedem.

É costumeiro que eu perca o ritmo da canção e o compasso da caminhada.

Ser errante é sina e dom que não quero.

E a verdade é o subjetivo mais difícil de carregar e interpretar.

Observem que hoje e assim como tem sido, me debruço sobre coisas que não sei.

Essa mania de respirar ares de precipícios me causa danosas vertigens e deliciosos tormentos.

Aprendi a escrever em espelhos d'água a história da minha vida.

Meus ancestrais me sopram segredos e enigmas que meu coração ainda não ousa traduzir.

E é fato que me desdobro entre dois mundos. O concreto e o espiritual. Sendo que sei que um segundo é mais real que o outro. Bem mais.

É bom lançar as palavras assim a esmo. O vento é mestre em soprar caracteres e pousar a missão que é tua, no lápis de outro.

É assim.

Escritores são uma alcateia bem estranha. Se coçam e se lambem em lugares inapropriados e depois mostram pro mundo suas presas sujas de sangue e açúcar.

E se mordem também. Entre si. Mas latem em uníssono. Sempre.

A lua os reúne em contrição e é ali que a loucura fica mais controlada.

Mas volto a mim. *Comme d'ab.*

O Leão que cavalgo não conhece atalhos e insiste em enfrentar de peito aberto todas as tempestades do mundo.

Logo eu, moça tão pequena e frágil. Tão feita para o amor e para os cuidados de mãos atentas e boas.

Sim. Me puseram armaduras de Joanas D'Arc no corpo e essa coisa pontiaguda de escrever nas mãos.

Então sigo assim. Um passo, um abraço, um e outro adeus que é de praxe. E os cílios a cortarem essa grossa névoa de ignorância que o mundo insiste em nos impor.

Hoje descobri que existe uma língua que não utiliza adjetivos

e que há pessoas que não se importam com isso.

É possível medir a velocidade com que os beijos chegam no rosto daqueles que amamos quando estamos a milhas de distância?

Observe que escrevo aqui sobre coisas consideradas subjetivas ou sem nenhuma importância. Assim dizem os céticos.

Os olhos da alma trespassam montanhas e vales incomensuráveis apenas para retinar aquilo que eles não entendem.

Há uma força tremenda no tentar desnudar a fluídica túnica de mistério que envolve o mundo.

Por isso somos tão caminheiros. Por isso jamais chegamos onde quer que seja. Por isso a cortina de melancolia no olhar, a mochila de exilado nas costas. Vivemos por conta e risco de um Deus que ainda não sabemos o nome. E seguimos pelas florestas densas, através de oceanos revoltos e desertos escaldantes tentando em vão, silabar o Seu nome.

O espaço entre Ele e nós está exatamente no traço que delimita a data de chegada e partida escrita em nossos epitáfios.

É ao nascer e ao morrer que O encontramos. Tudo o que há no meio disso é busca.

Há quem afirme vê-Lo ou senti-Lo em meio ao caos do mundo. Mas desconfio que nem mesmo os Dalais e os monges tibetanos, aqueles que desenham jardins em cima de montanhas que se equilibram em névoas, conseguiram tal feito.

O intangível nos embota a visão e tudo o que é verdade sempre nos escapa aos rudes sentidos.

Não existem santos e tampouco pecadores nesse ou em outro universo.

O que existe mesmo é uma grande massa de tentativa. Uma coletividade afônica com mãos estendidas para o alto e dedo em riste clamando por um paraíso ou um inferno que não vem.

Viver no caminho do meio é uma sugestão grotesca de algum zen muito sádico. Porque tudo que é humano é intenso e trágico. Somos pequeninos seres dotados de egos superlativos. Flamas trêmulas brincando de super nova.

Mas é assim. E é melhor que seja.

O rio não chega ao oceano se limitar-se à sua origem de tímida nascente.

Embora eles sejam bem mais humildes e inteligentes que nós. Bem mais.

Queria mesmo era possuir a sofisticação das estrelas. Elas brilham uma luz de muitos mil anos atrás e parecem não reclamar disso.

Mas me limito à nobre condição de peregrina.

Levo bandeiras multicores na mochila, para acenar para aqueles que ainda não enxergam que tudo é apenas uma grande estrada.

E carrego, é claro, e sempre, a rude inocência de infante no peito.

Sou assim.

Não há nada de errado em querer tocar o céu mesmo em dias de imensa tormenta. Assim como não há nada de errado em querer viver o amor em tempos de retumbante cinismo.

Sigamos. Os sapatos são gastos e sábios.

Há cada um o seu alforje de sobrevivência, o sorriso que a vida lhe moldou no rosto e os tesouros que garimpou no coração.

Porque é pecado e eu sei

Agora que somos apenas recortes e filtros,
grunhidos cibernéticos.
Agora que temos a alma em pixels
e a vontade guiada por satélites.

Agora que o invisível nos mata.
Que o impensável ri sádico dentro dos nossos pulmões.

Agora que a esquerda caiu apodrecida de corrupção e culpa.
Agora que a Igreja mandou.
Agora que o presidente disse.

Agora que nossos filhos batem continência na escola.
Agora que o Chico não canta mais sobre isso.
Agora que somos apenas histeria e repetição.
Agora que ninguém mais aponta o controle remoto sórdido que conduz a multidão fúnebre e cínica.

Agora que não temos mais ideais e nem mesmo vontade.
Que somos apenas uma interjeição tímida e burra.
Agora que nem mais sabemos onde é o agora.
Agora...

Fotografia conjunta
(Homenagem ao poema "O Fotógrafo" de Manoel de Barros)

Difícil fotografar o silêncio.

Entretanto, eu gritava, gritava em cliques, meus dedos nervosos gritavam, mas ninguém me ouvia.

Eu estava saindo de uma igreja.

Eram quase duas da manhã.

Ia o silêncio pela rua, mas as almas, gritavam.

Preparei minha oração.

O silêncio era uma oração que estava acordando o bêbado.

Fotografei seus impropérios.

Tive outras visões naquela madrugada.

Preparei o café.

Tinha um perfume de morte e renascimento no café.

Fotografei esse renascer.

Vi uma borboleta virando lagarta.

Fotografei a crisálida.

Vi ainda um beija-flor que não gostava de beijar.

Fotografei seu desinteresse.

Olhei uma paisagem antiga como se fosse nova.

Fotografei a minha resistência.

Por fim enxerguei a luz do sol que representou pra mim que era hora de me recolher.

Fotografei o meu contentamento com o mundo.

Ninguém outro poeta no mundo faria uma madrugada assim.

A foto saiu tremida, mas cheia de paz.

Colei a polaroid da minha vida no muro de uma escola de crianças que sorriam

e dormi...

O Mouro

Teu corpo em mim
 abalo sísmico
– é de praxe que a mulher sofra o sentir –

Tuas flechas derrubaram minhas torres
teus infantes dizimaram minha cavalaria
teu peão matou minha rainha.

Não tenho pernas nem voz
Pois assim o queres.

Meu grito para ti é canto
E eu gosto que assim seja

O troféu que ostentas por dividir o meu reino
é deveras precioso e belo
Tua crueldade é cheia de precedentes
– eu vi e sei –

Mas teu dente é alvo
e teus ombros largos.
E quando marchas em mim
o faz com orgulho de Napoleão.
Então aquiesço.

O balanço do teu barco é bom

mesmo se traz ressaca.
Não conheço e não quero nada que seja justo.

Teus olhos,
negros e maus,
a minha eterna sina.
Assim espero.

Quântica

Queria a tua boca ontem me dizendo
eu te amo

Casar nossos filhos
e beijar nossos netos antes mesmo de te conhecer.

Queria tua mão enrugada e fria sobre a minha,
dar comida aos pássaros no parque.

Queria dizer 'sim, aceito tua dor e tua alegria'
antes mesmo do primeiro beijo.

Queria me vestir de preto antes de tua morte.
E usar tuas cinzas em nossa primeira dança.

Queria abocanhar o tempo, tua cabeça e membros
– e tua barba que gosto tanto –
e deglutir a ti e ao espaço.
E recriar tudo novamente a partir de um sopro.

E vendo-te belo e refeito,
recortado de mim,
te beijaria com os mesmos lábios trêmulos
da primeira vez...

Urgente

Minha reza é boa.

Queria o amor bem quente saindo da tua boca.
Como um consentimento duro de que tenho razão.

Estou farta de ser razoável.
Logo eu, com esse corpo em carne viva e esses olhos que apontam para o além.

Poderia sim ser menos urgente.
Mas não sou.
Nos impérios que ergo
tu bem que poderias ser rei.

Mas não és.
És comedido.
– o pior dos defeitos –
E tua língua não silaba o que preciso.

Sou verbo e conjugo.
Como os vermes hermafroditas.
Mas era tua cabeça que eu queria como extensão do meu corpo
– esse que ainda não conheço –
Mas teus cílios se fecham teimosos e indiferentes.

Incendeio Roma inteira,

derrubo a torre francesa,
reergo o Farol de Alexandria.
E tu continuas obediente a ti mesmo.

O rubor da minha face,
o vermelho do meu seio,
a minha rósea inteligência,
o meu pálido entendimento.
Nada te convence.

Pensei então no inédito:
Ser calma e boa.
Mas não encontrei argumentos em mim pra isso.

Deixo-te então no escuro e no frio.
– lugares que conheço –

E te digo
eu te amo.
Porque não sei dizer amém.

Minha reza é boa sim.
É que ninguém conhece.

É noite,

O quarto ouve as minhas confidências.
São em dois olhos negros que penso.
Um homem que me olha através.

Meu corpo nada entende de paciências.
O domo e o firo com as esporas da sensatez.
E as ondas em mim se acalmam.
– onde foi que aprendi a sentir assim? –

Me embalam músicas distantes.
Deslizo para dentro da cama
e me enrosco na boca da mulher que canta fado.
Amálias e Beatrizes dançam sobre minha cabeça.

Fecho os olhos e rezo.
Porque não posso fazer mais...

Era névoa o que eu via em teus olhos

Nuvens de um inverno distante que os faziam, aos poucos, esquecer os dias ensolarados ao lado dos meus.

Tuas retinas antes tão amáveis e receptivas agora se fechavam em discretas cortinas em um tímido aceno daquilo que em breve seria o nosso adeus.

E desde então foram muitos e coloridos os horizontes que te desenhei para quem sabe talvez te demover da ideia de dobrar a esquina do meu peito e fechar-se naquela rua estreita e sem saída da tua alma.

Debalde, tudo o que vi foi respeitosa fuga. A pior de todas. Teus olhos pesados de uma água escura e sem sentido, já não viam mais os meus.

E do imenso céu azul, uma implacável chuva se fez.

E o que faço agora?

Agora que sou apenas um vulto desinteressante no canto esquerdo do teu olhar?

Uivos na noite

Eu,
que nunca fui dada a desatinos,
me vejo encolhida nas quinas das sombras
a morder os cabelos
e esconjurar-te o nome.

Depois,
me banho no leito vermelho do rio de Medeia.
Minha língua é lâmina e sal.

Os cabelos da outra são como o sol
enquanto os meus são negros
como a cauda da corvina.
– os abutres entendem o que falo –

Não quero ser, mas sou
essa mulher que sangra e maldiz.

Rezo, contrita.
Sempre fui boa até você tocar minha pele.

Para ela agora os teus gritos,
teus gozos roucos,
antes meus.
Hoje me contento em levitar
em dois pares de olhos sobre a tua alcova.

Sou um fantasma a plainar sobre a tua imerecida felicidade.

Envergonho-me da natureza das coisas.
da minha e da dos bichos.
Dos quais não sou diferente.

Há cabras que amamentam as crias de outras.
Já há cobras que comem os próprios filhos.
Se estes lhes ferem os brios.

Rasgo a tua foto pela milésima vez
mas de nada adianta.
Rezo e penitencio.
Nada também.

Só o poema
mesmo duro e sórdido
me dá alguma esperança de sanidade
e sossego um pouco.

Mas cuidem,
os uivos no escuro da noite
não são dos coiotes,
mas meus...

Furei os teus olhos

e os pendurei sobre os muros do bairro
– recortes de foto –

Imagino que teu falo
é frágil e falho.
Faço qualquer coisa
pra tirar de ti a virilidade

Grito o teu nome na praça,
arraso com a tua moral.
Depois me toco aflita
pensando em teus braços
e gozo num misto de raiva e culpa.

Minha roupa e todo o resto,
é flagelo que pisaste
enquanto caminhavas para o encontro de outra.

Só a grama guarda na mesma seiva,
a memória das danças de amor
e das marchas de morte.
Eu trago a pele marcada por tudo isso

E ainda por cima,
memorizei no peito

a serenata que fizeste pra ela.

O que é canção de ninar para um
é canto de carpideira pra outro...

Outro dia encontrei-me com ela.
Aquela que chamam de tua.
Cruzava a rua.
A mesma por onde eu caminhava
apressada e esquecida.

Vê-la foi como levar uma lufada de vento no peito.
E eu nem sabia que o ar se media em toneladas.

Parecia serena.
E o que é pior,
bem amada.

Eu poderia amá-la também.
– um modo de chegar a ti –
Pensei em tocar-lhe os cabelos
e dizer-lhe um gracejo.
Já que ela é parte do todo que é teu.
– te ferir é também um modo de te tocar –.

Sem dúvida que na pele alva dela
ainda estava o teu cheiro.
E juro que vi, não enlouqueço,
as mesmas marcas no pescoço
que antes deixavas em mim.

Cogitei também gritar-lhe impropérios.

Discorrer sobre nossa história,
mostrar-lhe as fitas românticas gravadas
e tuas mil promessas de amor.

Mas o que fiz foi espanto.
Calei-me.
Eu mulher de letras e verbos infinitos.

Vergonha é amarra antiga.
Ressentimento e culpa também.

Ela seguiu cruzando-me o caminho.
Ela com sua beleza
e sua lufada de mil toneladas.
Eu segui circunspecta, mas digna.
– esforço hercúleo –
Coisa de gente correta.

E tudo isso foi como em um segundo.
A vida e teu futuro desfilando feito brisa.
E eu andando com esses pés de ferro.

Tua música é bonita,
admito.
Os deuses te querem feliz.
Eu aquiesço e abençoo.

Mas é fato que naquela tarde
ao chegar em casa,
vi, sem surpresa,
que se cobriram de prata,
todos os meus cabelos...

Agora ele sabia

Agora ele sabia.
Que o olhar dela era mudez.
Que uma grossa cortina se fechava.
E que a partir daquele instante, não haveria mais luz.

Agora ele sabia.
Porque ela não mais chorava.
Porque tudo era silêncio.
E que não existia silêncio bom sem ela.

Agora ele sabia.
Que a hesitação de sua boca, que o tropeçar das suas palavras, que a reticência da sua alma, construíram aquele muro.

Agora ele sabia.
Que nada mais adiantava.
Nenhum gesto heroico.
Nenhum chutar de portas.
Nenhum pedido de matrimônio.
Nem mesmo o aceno atônito por detrás dela e esse leve ruído atrás da porta.

Nada.
Nada mais adiantaria.

Agora,
ele finalmente sabia...

O parto

Meu olhar está por detrás do cais.
É o longe que veem minhas retinas.
O meu grito por ti acordou toda a cidade.
Dizem que acionaram a Cruz Vermelha e a Brigada de Incêndio.
E que o prefeito saiu de pijamas para um discurso de ordem.
Mas era tarde.
Minha madrugada cobriu todo o dia.
E o maná de cinzas que deixastes nevou pelos quatro cantos.

'Ave Maria, cheia de graça.'
É o que rezam.
Nunca vi tamanha comoção.

O teu cortejo foi longo e tumultuado.
Me vesti de negro e véu na cabeça para enterrar tua placenta.
E apesar do parto longo, caminhei com dignidade.

A tua lápide não te faz honra.
Mas no escuro granito da perda, qualquer flor colore.

A multidão esperou meu discurso.
Não dei.
Queriam uma lágrima.
Também não.

Meus olhos te seguiram até o infinito.

Ali onde os espectros esperam o teu julgamento.
Foi para eles que te entreguei.

Voltei pra casa tão digna e circunspecta quanto antes.
Tomei um demorado banho de ervas,
preparei um chá,
acendi um cigarro
e nasci.

Então é isso

As cidades estão cheias de bares e farmácias. A turba continua cada vez mais enlouquecida. Estão gritando hinos de guerra e de morte. E acham isso muito natural.

Homens perdidos rugem protestos roucos. Mulheres superlativas desfilam seus púbis dilatados pelas noites. Seus fígados de estivadores suportando o afogar de velhas e novas mágoas.

E o mundo se transforma em um imenso borrão em meio a névoa aditivada das festas.

Mulheres agora são vikings. A barbárie lhes adentrou a pele lhes roubando toda e qualquer suavidade.

E o que era gentileza vai se perdendo em algum beco escuro ou na letra de alguma música degradante.

A ternura se evapora a olhos vistos e o verbo se torna pesado na boca dos homens.

Os filmes onde cavalheiros beijam a mão das damas não são mais exibidos e o quinhão de paz e doçura são comidos em nacos fartos pelos ratos da vaidade.

Fizeram assim:

Transformaram o amor em uma novela e as novelas em boletins policiais.

O pôr do sol agora é um outdoor de alguma bebida esdrúxula. Jovens sorvem suas cores berrantes e saúdam o deus-tecno. O arco íris, o mar e todo o resto viraram uma imensa e confusa tela de led.

E todos dançam fartos e famintos a hipnótica dança da alienação.

A redenção vem de várias maneiras.

A igreja tem estabelecido cleros e regras desde que o mundo descobriu a palavra pecado. Porque até então o que era ignorância ainda não havia encontrado a soberba daquilo que muitos chamam de conhecimento.

Um pássaro não sofre por ser um pássaro ou se a chuva lhe molha as asas e lhe destrói o ninho. Ele existe no hoje e ainda assim vislumbra o mais belo céu. Verdadeiros yogis essas pequenas criaturas.

Descobri, e aqui informo apenas para divagar, que Benjamin é realmente um nome bem bonito.

E retorno a falar sobre coisas que sei bem pouco:

– O porquê das raposas parecerem filhotes de cães quando jovens, e a razão dos corvos serem tão inteligentes e charmosos.

– Sobre como a América do Sul continua sob a truculência voraz de seus governantes.

– E a admirável resiliência das crianças da Índia que continuam a exercitar seus olhares de súplica esperando que um dia o mundo se compadeça e sobretudo que entenda. Que entenda...

Queria saber também como os rapazes imberbes e perigosos parecem tão mais atraentes às mulheres do que os homens de bem. E também porque as mulheres se casam apenas para adquirirem o conforto de não estarem penosamente disponíveis.

Escrevo também indagações sobre a dívida externa e sobre a crise no Oriente Médio. E porque a Síria, a Palestina e todo o resto parecem um amontoado de filmes de guerra editado pelo diretor de algum hospício muito bem regulamentado.

Sim. Escrevo e tenho escrito sobre tantas coisas para quem sabe talvez chegar na verticalidade delas. Mas nada. Nada mais parece nos tirar do peito essa boia estúpida que nos condena à eterna superficialidade. O homem mudou tanto depois que inventaram o salva vidas e o paraquedas.

Mas eu o que sei? Sou apenas uma escritora de meia idade (terrível isso) sentada em algum mal humorado café de Paris. Voltaire, Verlaine e nem mesmo o chato do Balzac vieram ao meu socorro. Não há mais salvação. Aquela coisa morna e ingênua foi mesmo ficando pelo caminho. Tudo o que me resta agora é testemunhar semblantes sem nenhuma vulnerabilidade.

Queria mesmo era ganhar na loteria. Passar os restos dos meus dias rica e esticada bebericando chá antiaging em algum café da Suíça. De preferência de frente para o banco que guarda os meus numerosos dígitos.

Ou poderia me tornar esposa de algum político corrupto. O que dá no mesmo...

Sabe Lee, a humanidade é uma tristeza.

Metade dos animais exóticos estão extintos, o presidente do nosso país é um imbecil e todos estão em uma espécie de insana embriaguez.

É o fim dos tempos, Lee. Ou começo dele. Quem sabe...

O fato é que as pessoas também estão sendo extintas. Ou migrando para lugares longínquos e tristes. Vi cada ave sem pluma por aqui, minha amiga.

Perdemos os dentes, os brios, a honra. Nada mais será como antes.

O horizonte aqui desse lado do Atlântico não traz nenhuma resposta.

Nada é novo, Lee. As embarcações daqui partiram para descobrir o inédito e agora, muitos anos depois, novas tripulações aqui chegam. É uma turba perdida, sedenta e sem nenhum ideal além daquele de se proteger. Triste, não? Não mais a ousadia dos rebeldes e o grito na passeata. Não temos mais Bandeira e nem as músicas do Chico para nos dar um norte.

Como disse o escritor moçambicano que tanto entende de guerras,

'Estamos surdos de tantas palavras.'

Que coisa.

E eu que achava que 'caminhando contra o vento, sem lenço, sem documento' era um hino de amor. E era, não era? Mas agora de que serve? De que servem as músicas e suas letras se estamos ocos?

Agora todo mundo sabe um pouco de tudo e de qualquer coisa. E então o que se vê é uma profusão de doutores do dessaber. Uma gente frívola, rala e o pior de tudo, de faca nos dentes.

Atacam umas às outras feito moscas sobre uma carcaça pintada de verde e amarelo.

Não sei... Não sei o que pensar, Lee. O barco afunda a olhos vistos. De suas velas antes navegantes, uma meia dúzia de loucos gritam palavras de ordem enquanto outros tantos tentam apagar o incêndio com o próprio sangue.

Acha que exagero? Talvez.

Mas a melancolia dos que sentem e veem pode ser ouvida de longe.

É velho o truque em que caímos. A esquerda nos empapuçou de um assistencialismo utópico e a direita, como sempre, nos arrancou as vísceras com suas manobras capitalíssimas.

E então ficamos assim, Lee. Como um bando de imbecis teleguiados. E que tiram self com tudo. Logo nós que ríamos dos japoneses com as suas ansiedades tecnológicas.

Viramos todos emergentes. Todos buscam a praia dourada da fama súbita e da riqueza repentina. É uma piracema bem triste.

Mas no mais está tudo bem, minha amiga. O mundo continua bonito em muitos lugares e isso nos dá um pouco de conforto.

Como já disse o deliciosamente corrosivo político inglês:

"A democracia é uma chatice. Mas é a única coisa que ainda funciona."

E não é que está certo ele?

Saiba que existe uma grande convicção no erro.

E que nesse exato momento, armas disparam fumegantes e vorazes, por mãos que rezam o Pai Nosso.

Sim. Há um sem número de argumentos para as atrocidades.

O mal é algo deveras articulado.

Temo que minhas palavras soem como trombetas. Logo eu que não tenho aptidão nenhuma para o Apocalipse.

E me pergunto quando foi que fiquei tão grave.

Minhas retinas seguem cheias de espanto.

Desconfio que estou no limiar extremo entre o mais retumbante grito

e o mais profundo silêncio.

Ah, se as palavras soubessem calar elas diriam tanto...

Mas sou frágil iniciante nessa coisa de sentir somente o que é meu.

Veja, vozes milenares ainda ressoam em nossa parca memória.

E o canto que sai de nossa boca ainda não é nosso. Não é.

Quisera eu saber me cobrir de cinzas e ser herética e ágil como as bruxas.

Mas insisto em me enfeitar de véus e rezar o imposto terço.

Eu, uma boa moça. Uma boa moça.

Vesti sim as vestes de Joana, a D'Arc.

E vociferei conjugações de amor ainda incompreensíveis aos tiranos.

Mas é provável que após tantos gritos de rebeldia, tantos verbos de reivindicações, também eu acabe por seguir, e surpreendentemente de bom grado, os comandos kamikazes das mãos de um senhor....

A água passava por baixo da ponte

que cobria parte do que antes era um vigoroso rio. Mas as cidades, sempre elas, engolem tudo que é espontâneo e saído dos dedos de Deus.

A água corria resignada, e mesmo rala, lambia as dores e os barulhos da metrópole. Filtrava corrupções, dissolvia conchavos e removia, com sua cor lúcida e seu murmurar sincero, o desespero do pensamento daqueles que achavam ter perdido tudo.

Ela era ora nascente, ora lago. Outras tantas, era só um corregozinho quase a passar desapercebido ao lado das rodas dos barulhentos carros. Mas ia. Ia sempre ao seu destino levando com ela os desatinos do homem.

E lá pelas 3h30 da madrugada que era quando ela finalmente chegava da corrida que começara na aurora do dia de antes, é que dormia. Realizado o destino e ciclo, se entregava ao sincero torpor do dever cumprido. E ali, ela via Deus. Ou via do jeito que entendia. O que era de muito bom tamanho.

Era mágico os aposentos da água. Uma pequena floresta há alguns bons mil metros da balbúrdia de concreto. Árvores antigas, galhos, folhas e relva formavam um respeitoso santuário.

Entre ela, a água, jaziam algumas pedras bem milenares que escondiam musgo e segredos em gaélico infantil e onde rãs entravam em transe e desvendavam os mistérios do universo. Era assim toda noite e nenhum desses seres se alarmava, pois não possuíam a avidez de ser, visto que já eram.

Mas uma noite, o coachar dos sapos do outro lado da margem entoou um mantra enviado lá de cima, lá bem do alto. E ao entender-sentir do que se tratava, recolheram-se, todos os seres daquele santuário, em devotado silêncio.

Somente uma jovem rã que ontem era apenas um girino e que apressada em explicar coisas que não se explicam, deixou escapar antes de desaparecer por completo por entre as frestas bordadas de lodo das pedras:

– Faz-se escuro no mundo. Faz- se escuro. E ninguém sabe...

Nada mais é pecado. A grande e inoxidável culpa cristã vem se dissolvendo pouco a pouco.

Finalmente começa-se a compreender que responsabilidade pelos atos é algo bem diferente de castigo e que esse último só existe dentro das consciências inquietas.

As crianças choram para aprenderem a pedir, as mães as atendem para parecerem melhores diante do espelho, os velhos murmuram para aprenderem a aceitar e os jovens, bem os jovens possuem o dom da onipotência porque, por Deus, alguém tem de ser espontâneo nessa selva de imposições.

O mundo é feito ao tamanho e boa vontade do coração dos homens, a população tem o artista que merece – os políticos também – e a inflação continuará a equilibrar o grau de arrogância de cada país.

Moças casadoiras continuarão a leiloar seus himens – e suas mães continuarão lucrando com isso – velhos decrépitos continuarão a angariar juventudes e carros modernos, adúlteros seguirão inventando desculpas para esconder a elefantíase galopante de suas libidos e as mulheres continuarão carregando o mundo nas costas com aquele ar que é uma velha mistura de Amélia e Cangaceira...

Amendoeiras em flor

Em Barca D'Alva, as amoreiras e algumas senhoras, dançavam na brisa amena de fim de fevereiro.

O murmúrio das folhas e das saias formavam um canto bem bonito.

Não muito longe, as laranjas do Algarve desfilavam sua cor

em poesia pendente. Calmas e serenas como um bocejo após o sono.

Múltiplas, espreguiçavam-se na rede de seus galhos e davam-se aos homens doces e honestas. Cientes de sua sina de enriquecer o mundo.

Eram o ouro alimento. Testemunho de vida.

As pequenas colinas, humildes em tamanho, mas ricas em generosidade, alimentavam as ovelhas e o olhar dos viajantes.

O sol brilhava pleno e convicto. Os rios aqueciam seus leitos,

do ventre da terra germinavam coisas mil.

Era a primavera que apontava ao longe. Chegado era o momento de resplandecer...

Descobri que não fico bonita abaixo da linha do Equador,

que as unhas quebram com o uso do detergente e que paciência é coisa demorada e trabalhosa de receber e de doar.

Descobri que família, se você quiser uma, precisa ser brigada e defendida a custo de foice, guisado e muito pudim de leite.

Descobri ainda que as mães, desde cedo, devem calejar as mãos no rosário e no alvejar das roupas e aprender a entoar mantras de paz para os seus pequenos e também para o mundo inteiro.

É assim. O corpo e o espírito da mulher muda e se dilata para receber aquilo que elas chamarão de luz dos seus olhos. Os sonhos se tornam mais certeiros e o universo dela se define entre a cozinha e alguma galáxia distante onde o sentimento chamado amor é único dono e guia.

Eu, que descubro agora essas coisas em mim e no mundo, vejo que ao invés de mentora sou mesmo é eterna aprendiz. E gosto que assim seja.

Os ventos sopram cálidos e singelos nas testas dos mansos e o que antes era guerra vira plácida e sábia aquiescência.

E assim como as cabras e as gaivotas que direcionam seus horizontes de acordo com o odor do vento eu obedeço, obedeço e só...

A ti

A ti deixo a certeza do vazio após o coito sem sentido e as marcas das unhas de outras a tatuarem em teu corpo a covardia do teu caminho.

A ti a embriaguez cotidiana, o torpor do vinho barato e dos odores nocivos das damas da noite que te sugam a alma estúpida.

A ti o acordar na madrugada, o acender do cigarro para aplacar a escuridão que te invade a garganta, e a pontiaguda certeza de que me perdeste de um modo bem definitivo.

A ti o sol da manhã te ferindo a ressaca e o colossal desconsolo no peito. Desconsolo que nenhum café aplaca.

A ti a perfidez dos pensamentos, a eterna caça às saias que não te darão mais que quinze minutos de ilusória satisfação.

A ti a sina de procurar meu sorriso honesto nesses semblantes pálidos e o meu cheiro doce na pele gasta das mulheres de ninguém.

A ti a estupidez de ser eterno escravo do teu desejo e da tua fúria, da tua arrogância e da tua covardia e também do teu medo disfarçado de valentia.

A ti o dever de acordar e não ver os meus cabelos espalhados sobre o teu travesseiro e a minha alma boa e plácida a acalmar a tormenta que carregas por dentro.

A ti os dias,

os dias,

E só...

Primitiva

Quero escrever no céu o que sinto.
Rasgá-lo com os dedos e espiar Deus durante o banho.

Quero pisar no chão e causar terremotos.
Afastar continentes com a língua.
E usar as placas tectônicas do mundo
como papel de parede.

Estou farta das palavras.
Em minha garganta há grunhidos mais eficazes que livros.

Meu grito é fome que não passa.
Quero a minha pele nua banhando os quatro hemisférios

Quero.
E se minto,
que um uivo saia da minha boca.

A infância é assim.

Mora dentro da gente num lugar que não sai.

Guardo dela, na memória, os seus sonhos e as suas ranhuras.

As barbas grisalhas do tempo me dão conselhos que não quero seguir.

O ontem é tão perto... E o amanhã por vezes é uma senhoria cruel e sovina.

Lembro-me de uma casa da minha meninice cuja costas davam para a linha do trem. E ao vê-la assim tão indefesa e inerte recebendo os olhares lânguidos dos que partiam me dava uma pontadinha aguda de tristeza pelo mundo...

E eu pensava:

Era isso o existir? Uma permanência tola? Uma resistência ingênua e ineficaz?

Sim. Os tijolos daquela casa até hoje compõem a minha alma já também descascada.

O tempo é duro com alicerces frágeis e com o coração de jovens sonhadoras. E as tintas não escondem quantas demãos de decepção ou ternura alguém leva no rosto. Não escondem...

Mas o vento sopra sobre todas as cabeças e esse sim é bom e justo. Bom e justo que nem sopro de mãe em machucado.

O resto é tentativa, tentativa, um pouco de cal com cor, se o dinheiro e a disposição deixarem, uma luz fraca na janela no Natal que é pro Menino Jesus não esquecer que somos gente

e só...

Fatídica

Posso escrever um fado aqui, nesse instante. Tamanha é a fragilidade do que sinto.

Meu grito deu a volta em todo o continente.

Meu medo e maravilhamento por esse mundo não tem precedentes.

Estou de pés descalços, nua na frente de uma plateia de cegos e estropiados.

Ninguém vê.

Ninguém sente.

Nossa pele ficou dura.

Nossa voz ficou rala.

Nossa alma também.

Há um ser minúsculo em nós.

Minúsculo, mas com mãos gigantes que nos sangra a vitalidade.

E a ele dou nome mediocridade.

Não há nada que nos salve da queda.

E nem do voo.

O que é bom.

Estamos todos mortos.

Deitados no berço discreto, dourado e ancestral de nossa ignorância.

Mas mantemos o sorriso ameno no rosto.

Porque assim faz menos frio.

A vaidade travestida de intelectualidade

Vaidoso, vestia-se de niilismo para inventar uma profundidade que não possuía.

A mente rala e insípida, vagava pelas linhas gastas e eruditas de decrépitos pensadores.

Salivava discursos de desilusão como combustível para a cortina de fumaça que construía à sua volta para que ninguém percebesse a galopante superficialidade da sua alma...

Mais uma história de "amor"...

Eu gosto do Henrique. O Henrique é grande.

Meus braços são fracos. Minhas mãos pequenas.

O Henrique é grande. E eu apaixonada.

Antes era tudo bom e pacífico. Quase sempre. Mas era bom sim. Era como nos filmes.

Um dia... Um dia ele me bateu. Me bateu muito, sabe?

Já tinha acontecido uma vez. Duas, quer dizer. Ou três. Acho...

Mas essas coisas do coração são assim, complicadas. E homem é nervoso mesmo.

Nesse dia não deu pra esconder as marcas. Sair na rua, comprar o pão. Dizer o que pra minha mãe? Explicar o que pro meu pai?

Mas saí mesmo assim. Era domingo e até as onze da manhã, nada de almoço no fogo. Ele dormiu após a briga. Eu fui comprar o leite e a carne. Um litro de um, um quilo do outro. Vou fazer bife à rolê. Ele gosta. É difícil servir e cozinhar pra quem machuca a gente. Mas a vida de casado deve ser assim também. Também...

Eu gosto dele. Gosto.

É isso. Vou fazer bife à rolê e arroz soltinho. Ele vai ficar calmo e tudo se ajeita. É fase. Crise. Nervoso de trabalho. Os casais velhinhos de mãos dadas que vejo na praça devem ter passado por algo parecido. Permanecer é isso, né? Perdoar, perdoar e... Bom, vou fazer o almoço, temperar a carne e esquentar o leite pro café. Na cozinha eu me distraio. Esqueço as coisas e a vida vai seguindo.

De repente ouço um barulho estranho atrás de mim. Um estrondo. O Henrique derrubando tudo o que estava em cima do armário. Um olhar vidrado, enlouquecido. O meu celular na mão direita. Quem é Carlos?! Ele grita. Não respondi. Não respondi porque não deu tempo e também porque não sabia o que responder. Carlos... ah, sim. Carlos, o dono da loja que está precisando de funcionário. E como o Henrique está precisando de emprego eu peguei o número e nome no cartaz na frente da loja e registrei no telefone. Ia falar sobre isso ontem à tarde, mas brigamos e aí já viu.

Eu penso nisso tudo do chão. O Henrique continua gritando. Acho que ele me espetou várias vezes com alguma coisa porque apesar do frio do chão tem um monte de líquido quente que sai das minhas costas. Ah já sei. Foi com a faca da cozinha.

Ele continua gritando. Eu olho pra ele. Queria explicar, pedir pra ficar calmo, mas essas coisas acontecem tão rápido... Ele saiu correndo. Acho que pela porta da frente mesmo. A minha vista tá embaçada. Tem uma ambulância lá fora zunindo bem alto.

Eu sinto mais frio e fecho os olhos.

O bife à rolê jogado num canto.

Eu gosto do Henrique...

É João, o tempo andou mexendo com a gente.

Veja, teus cabelos aos poucos se enchem de nuvens e tuas têmporas de lembranças.

É verídico que após um tempo a humanidade inteira vê a vida por uma espécie de retrovisor?

E que os poderosos anseios de ontem viram os quase imperceptíveis suspiros de hoje?

Olha, nem é de melancolias que falo, já que essa se instalou na minha alma e dali não sai mais. O que estou tentando te dizer, agora nesse final de tarde da nossa terra, terra onde o sol nunca foi ameno e onde as brisas, essas sim amigas dos sonhos, são tão fugidias quanto um amante embriagado, é que o tempo é algo cruel e bom. É sim. E é nesse cruel e bom oceano que devemos aprender a navegar.

Por vezes, meu amigo, a vida traça sua rota e esquece de nós. Então lá vamos nós em seu encalço numa corrida tão desonesta... Ou então somos por ela arrastados assim de improviso como quem cai da sela e fica pendurado pela espora. É isso. Ou é 'unhas e dentes' ou é a inoxidável cadeira de balanço dos expectadores do ontem. Ou a montanha russa ou a mais profunda letargia.

Mas nem era mesmo sobre isso que eu queria falar. As palavras tomam formas que desconheço e você sabe que a alma de um poeta é um emaranhado. Um emaranhado. Mísseis nucleares e borboletas ali habitam em uma inesperada harmonia.

O que sei é que me disseram que a felicidade é uma arma quente. Que seja. Que seja.

É isso, então? Vive-se e queima-se no desejo interminável que nos habita a derme e depois, cansados e quase extintos, admira-se o horizonte com o corpo coberto de lembranças e unguentos?

Eu obedeço. Já disse. Tenho andado assim. Mansa que nem uma ovelha e mais humana e terrena que nunca.

Já que os anjos não me aceitaram as petições, meu caro, busco pelo menos fazer um cristão feliz nesse mundo e viver, finalmente, no tempo hoje da existência.

Hoje, um homem me disse que Deus é fiel

a todos os nossos sonhos. Aos mais belos, acredito. E que milagres acontecem sim.

Me emociono então ao perceber que a Sua fidelidade, assim canina, pura e honesta, se dá por meios e vias que desconhecemos.

Misterioso esse senhor. Um pai deve saber o que é melhor para os seus filhos. E o remédio é sempre bom mesmo que doa.

E eu sigo, como há tempos venho seguindo, tentando caminhar sobre e através dessa incomensurável mão. Essa mão de Deus que ora me conforta, ora me joga em precipícios, pois deve acreditar que possuo, por vezes, asas de anjo ou que sou dotada de forças extra-humanas.

É assim. Deitamos no berço esplêndido da vida e nos regozijamos com o que nos é de direito – ou não – para logo cedermos à fatalidade das coisas.

Os pássaros voam, as carpas desfilam em cores sonolentas e as moças continuam a ter vertigens com gravatas e com o perfume que exala da barba de moços ontem imberbes.

Escrevo isso de um banco de praça. Banco tão antigo quanto a minha infância e a minha já quase grisalha memória.

Nesse banco onde sonhei tantas vezes em ser gente, em ser viva, em não embrutecer e mostrar ao mundo as minhas melhores cores.

E vejam que no final das contas é quase impossível pintar aquarelas em meio a cinzas, mas eu o fiz. E como fiz.

Hoje carrego marcas e nódoas nesse mosaico insano que somos. Mas tudo é paz. Deito o hálito fresco da minha dignidade na fronte dos algozes e distribuo ósculos de paz aos incrédulos.

No mais é isso. Vivo entre projeções e reminiscências. E sonho, claro, com dias melhores e definitivos onde minhas retinas dançarão felizes e confusas entre a relva, o azul do mar, e a tez temperada daquele que escolhi pra vida.

E se Deus for bom e justo, e é uníssona a impressão de que Ele é, acrescentarei a tudo isso, o doce e farto sorriso de uma criança.

São as carpas que agora me alimentam.
Sou eu também ornamento.
Me estiro em cores preguiçosas por essa tarde de sol.
O mundo é bom e justo.
Assim dizem os profetas
e eu.

Há jardins que sabem mais de mim do que eu deles.
Hoje tenho menos fome das coisas que ontem.
É bom pesar poucas gramas.

Nada mais quero de desertos.
As águas me dizem mais.

Fui doida, santa e missionária.
Hoje sou pouco mais que nada.
É bom pesar poucas gramas.

Ser bicho é melhor que ser gente.
Ser cor é melhor que ser palavra.

Escorrego curiosa pra fora d'água
– o horizonte tem um cheiro bom –
e morro célere na boca de uma garça.

Mas posso dizer que antes voei bem alto.
Há cores lá em cima que ninguém conhece.
Eu vi e sei...

A chuva continua a cair.

Seja no teu continente ou nessa ilha em que agora moro e descubro, ela cai fria e ininterrupta.

Os ventos sopram gigantescos nas árvores de folhas amarelas e afirmo que há uma profunda beleza nisso. E afirmo também que sobre a natureza humana não há nada que possa ser feito. Não há.

Os dias se multiplicam ingênuos. As pessoas se protegem do frio e do vento também ingênuas ao todo. E é bom que assim seja.

É estranho, maravilhosamente estranho não conhecer nada ou tão pouco do chão em que piso. Engatinhar nos traz uma esperança tremenda. Aprendi que na vida é preciso ser criança muitas vezes. Para quem sabe voltar a balbuciar os velhos ditados e filosofias e ver se assim, eles mudam de direção e sentido.

Há pássaros negros e famintos em cada canto de nós e das ruas. Ainda não cheguei na esquina do mundo e desconfio que será sempre assim. Os pés não conhecem cansaço se for para voar. E é visto que meu voo não conhece rotas.

O poeta é mesmo esse leme estranho a tremular sobre as tempestades da existência. É um pôr do sol que nunca se põe. Os sentimentos não obedecem à ordem e à veracidade dos fatos. E não há nada que tire daquele que escreve a sua convicção em sentir.

Senhoras me acenam sorridentes nas ruas cinzas. Crianças leiloam suas alegrias e sonhos nos parques. E vejo que para hoje ou para todo o resto, isso é mais que suficiente...

A melhor hora

Veja, essa é a melhor hora que temos.
É o derradeiro apito do trem na estação.
A terceira campainha do teatro.
Todos nos olham da coxia.
A plateia, repleta, espera o nosso heroísmo.

Veja, essa é a melhor versão de nós mesmos.
É onde os ponteiros dos relógios se abraçam.
É o zarpar do navio do porto.
É o lançar de foguetes para a lua.
É a nossa chance de tocarmos as estrelas.

Veja, há crianças no amanhã que esperam o nosso sorriso, que esperam que contemos para elas histórias bonitas.
Já imaginou?
Nossas têmporas salpicadas de branco,
nossas mãos entrelaçadas ao dormir
e a certeza do para sempre desenhada em nossos olhos?

Veja, o mundo está repleto de desistência.
E ele precisa de nossa coragem.

Os velhos murmuram arrependimentos nas calçadas.
Mas nós podemos sim alimentar os pássaros desse mesmo parque com o pão da esperança.

Veja, o sol se põe sobre nossas cabeças e nos beija a fronte como um pai paciente e bondoso.
Sejamos cordatos e obedientes ao que ele nos propõe.
Sejamos.

Veja, o céu tingiu-se de sete cores em aviso.
É a última chance para a nossa resistência no amor ...

Também quero a beleza das coisas.
E o sonho impresso no papel da vida.

Dizem-me tola.
Repito que é preciso afeto.
Sobre todas as coisas e pessoas.
É preciso.

Vejo esse cardume de gente e medo riscando traços nas plataformas dos metrôs
 e imagino um grand finalle para cada um desses pontos escuros que compõem a massa.
– É uma dança estranha essa a do mundo –.

Desenho uma janela e um horizonte para cada uma dessas almas que sonham, eu sei.
Pois também eu preciso desse respiro.
A caixa humana é deveras pequena e débil para comportar o que não ousamos mais pedir.

Dizem:
'É feio falar em felicidade.
Sinal de antiquada deficiência.'

Engatinho então por essa nova cidade da existência.
Onde carros e máquinas supersônicas abafam a nossa voz já tão pequena.

Me arrasto por entre as rodovias frias,
os olhos ofuscados pela grande luz da ignorância,
os cartazes vendendo argumentos e arranjos práticos.
Pílulas para dormir e para acordar.
Outras para sentir com hora marcada.

Conduzo-me por essas ruas sem repouso.
As pernas aleijadas de romantismo,
os olhos vidrados de busca.

Levo o meu corpo pesado de sonhos e interjeições ingênuas em meio à
algazarra muda de sentido.
De um lado,
o mundo em marcha fúnebre e cínica.
Do outro,
eu pesando apenas quinze quilos de esperança,
uma flor morta na mão
e esse gordo poema na boca...

E como é falho o traço que desenho adiante,

descubro que a corrente da vida é bem mais sábia.

Tão bom fosse apenas eu e o anjos.

Anjos que murmuram segredos pela brisa que entra pelas janelas.

Mas existem e persistem, os humanos.

Tão falhos e tão atônitos quanto eu.

Tão trêmulos e ingênuos diante da selva do mundo.

Tão alheios da altitude de seus abismos.

Sigamos.

De algum modo há sempre o céu a nos fazer promessas.

De algum modo a vida se impõe àquela que criamos para o nosso maior ou menor tormento.

Pássaros cantam e atravessam mares mais longos e mais tenebrosos que o nosso palmilhar.

E é bom imaginar que existirá algum dia, mesmo que distante, mesmo que já estejamos com as costas curvadas por essa mesma vida, um pouso bom e feliz.

Os rios de Thomas Wolfe

(...)

Já notou como os rios correm? Seja aqui ou em qualquer hemisfério, eles seguem lavando as planícies do mundo, lambendo e tecendo as dores de tantos anônimos.

E como diria o brilhante e, como todo brilhante, atormentado, Thomas Wolfe, às vezes algo é tocado por aquela grande mão do destino que torna novamente mágico um mundo antes empoeirado. E então, cada momento é fruto de um passo de quarenta mil anos atrás.

As moscas zumbem fatais sobre o acontecimento das coisas. Elas entendem de física quântica tanto e mais quanto qualquer um de nós. E isso é algo que eu digo, ou acrescento.

E como o homem que perece na noite polar, na noite fria da existência, eu também escrevo sobre os prados da minha juventude, Tom.

As árvores, o grão maduro. "Por que aqui? Ó perdido!"

É. É preciso cuidado com essas coisas do sentir. Sobretudo para os que sentem e sobretudo ainda para os que escrevem sobre elas.

Tom terminou a existência com uma miríade de cores no cérebro. Nome bonito, não? Coisas fatais que nascem e se aconchegam no calor de nossas células. O homem é assim. Uma esponja involuntária do mundo.

E eu quero ao menos poder escolher terminar meus dias ao lado da ternura de uma companhia humana. Pois já que a alma poética será sempre solitária, deixo ao menos ao corpo e à boa parte do coração, as coisas singelas do amor. E me salvo assim de uma existência brilhante. Brilhante e triste.

Pois assim como Tom, eu realizei uma longa jornada. Estive em um país estranho e vi aquilo que chamam de homem mau de perto. E devo dizer que não tive tanto medo dele assim.

O homem escuro que mora em nós só é escuro até que o toquemos. E eu o toquei. E assim como Tom, eu queria muito, o muito viver. E quando se quer sem medo e sem culpa, viver, a grande e luminosa janela da vida, da vera vida, se abre para nós e em nós. E quando isso acontece, nos colocamos finalmente, com a simplicidade doméstica de um novembro cinza, serenos e repletos. Repletos de tudo que é o todo, acima de toda a glória, de toda estranheza e de todo o poder do mundo.

E faço isso. Essa coisa da escrita. Porque assim como foi dito, acredito que um dia lá atrás, na época do homem das cavernas, nossos ancestrais se reuniam em volta da fogueira, os lobos uivando lá fora, no limite da luz, e uma pessoa começava a falar. E contava uma história para que os outros não ficassem com tanto medo do escuro. Mais medo do escuro de si do que do entorno.

Façamos luz então. Façamos.

Mesmo que descubramos que o suave combustível que a mantém acesa, seja feito do sagrado reservatório de nossas lágrimas...

À deriva sob um consolo de estrelas...
Sigo beijando meteoros.
flertando com cometas
surfando despudoradamente em caudas de estrelas cadentes.

Solta qual satélite sem torre de comando,
deslizo em céus desfigurados
orbitando ao redor da Terra,
ao redor do Sol,
ao redor de mim.

Kamikaze por natureza,
destruí todos os radares que me conduziam.
Aprendi a respirar fora da atmosfera natal.
Sou uma mutação genética produzida pelo caos.

Alienígena recém-parida,
vago entre maravilhada e assombrada.
Perscrutando as fossas abissais do inconsciente
O meu e de todos os outros.

Conectada fatal e dolorosamente a todos os seres,
sinto, vejo e penso todos os pensamentos dos meus irmãos.

Me dou conta de que somos todos uma só coisa.
Somos uma só tormenta.

Uma só dor que pulula no cosmos.
Somos um gemido uníssono ecoando em um universo a prova de sons.

A deriva de nós mesmos,
vagamos cordeiros e desordeiros.
Mansos e violentos.
Angélicos e bestiais.

Seguimos envoltos nessa nebulosa de dor que nos une
lamentando nossa escravidão na matéria.
Remoendo nosso exílio nessa via láctea sem sentimentos.
Amaldiçoando nosso pertencer a esse universo imenso, escuro e
impiedosamente eterno...

© 2020 por Beatriz Aquino
Todos os direitos desta edição reservados à Laranja Original.

www.laranjaoriginal.com.br

Idealização de projeto	Krishnamurti Góes dos Anjos
Edição	Filipe Moreau
Projeto gráfico	Marcelo Girard
Produção executiva	Gabriel Mayor
Diagramação	IMG3

Dados Internacionais de Catalogação na Publicação (CIP)
(Câmara Brasileira do Livro, SP, Brasil)

Aquino, Beatriz
   Caligrafia selvagem / Beatriz Aquino. –
1. ed. – São Paulo : Laranja Original, 2020.

   ISBN 9786586042078

   1. Contos brasileiros I. Título.

20-35764   CDD-B869.3

Índices para catálogo sistemático:
1. Contos : Literatura brasileira   B869.3
Maria Alice Ferreira - Bibliotecária - CRB-8/7964

Laranja Original Editora e Produtora Ltda.
Rua Capote Valente, 1198
05409-003 São Paulo SP
Tel. 11 3062-3040
contato@laranjaoriginal.com.br

Papel Pólen Bold 90 g/m²/ *Impressão* Forma Certa/ Junho 2020